AF309047

J. 1763
2.(1)

16008

DISSERTATION

SUR

MAGNIA URBICA,

Où l'on fait voir que cette Princesse
n'est point femme de l'Empereur
Maxence, comme on l'a crû jusqu'icy.

A PARIS,

Chez PIERRE COT, ruë S. Jacques,
à l'entrée de la ruë du Foin,
à la Minerve.

M. DCC IV.

AVEC PERMISSION.

BIBLIOTHEQUE ROYALE

PRIVILEGE DU ROY.

LOUIS PAR LA GRACE DE DIEU ROY DE FRANCE ET DE NAVARRE. A nos amez & feaux Conseillers les gens tenans nos Cours de Parlemens, Maîtres des Requêtes ordinaires de nôtre Hôtel, grand Conseiller, Prevôt de Paris, Baillifs, Senechaux, leurs Lieutenans Civils & autres nos Justiciers qu'il appartiendra, Salut; JEAN COT Fondeur, Libraire à Paris, nous ayant fait supplier de luy accorder nos Lettres de permission pour l'impression d'une *Dissertation sur Magnia Urbica*, où l'on fait voir que cette Princesse n'est point femme de l'Empereur Maxence, comme on l'a cru jusqu'icy, par le Sieur GENEBRIER, Docteur en Medecine : Nous luy avons permis & permettons par ces presentes de faire imprimer ledit Livre en telle forme, marge, caracteres, & autant de fois que bon luy semblera, & de le vendre & faire vendre par tout nôtre Royaume, pendant le temps de trois années consecutives, à compter du jour de la datte des presentes. Faisons défenses à tous Libraires, Imprimeurs & à toutes autres personnes de quelque qualité & condition qu'elles soient, d'en introduire d'impression étrangere dans aucun lieu de nôtre obeïssance : à la charge que ces presentes seront enregistrées tout au long sur le Registre de la Communauté des Imprimeurs & Libraires de Paris, & ce dans trois

mois de la datte d'icelles : que l'impreſſion
dudit livre ſera faite dans nôtre Royaume
& non ailleurs , & ce en bon papier & en
beaux caracteres , conformément aux Re-
glemens de la Librairie , & qu'avant que de
l'expoſer en vente, il en ſera mis deux exem-
plaires dans nôtre Bibliotheque publique ,
un dans celle de nôtre Château du Louvre,
& un dans celle de nôtre tres-cher & feal
Chevalier Chancelier de France le Sieur
PHELYPPEAUX Comte de Pontchartrain,
Commandeur de nos Ordres , à peine de
nullité des preſentes , du contenu deſquelles
vous mandons & enjoignons de faire joüir
l'Expoſant ou ceux qui auront droit de luy,
pleinement & paiſiblement ſans ſouffrir
qu'il leur ſoit fait aucun trouble ou empê-
chement. VOULONS qu'à la copie deſdites
preſentes qui ſera imprimée au commence-
ment ou à la fin dudit livre, foy ſoit ajoû-
tée comme à l'original: COMMANDONS au
premier nôtre Huiſſier ou Sergent, de faire
pour l'execution d'icelles, tous actes requis
& neceſſaires, ſans autre permiſſion, & non-
obſtant Clameur de Haro , Chartre Nor-
mande & Lettres à ce contraires ; CAR tel
eſt nôtre plaiſir. Donné à Verſailles le 31.
jour d'Aouſt l'an de grace 1704. & de nôtre Regne le ſoixante-deuxiéme. Par le
Roy en ſon Conſeil, LE COMTE.

*Regiſtré ſur le Livre de la Communauté des
Imprimeurs & Libraires de Paris , le 6.
Septembre 1704.* P. EMERY, Syndic.

A MONSEIGNEUR

A MONSEIGNEUR
FOUCAULT
MARQUIS DE MAGNY,

CONSEILLER D'ESTAT,
INTENDANT DE BASSE

Normandie, & Honoraire de l'Académie Royale des Inscriptions & Medailles.

MONSEIGNEUR,

Ceux qui s'appliquent à la recherche de l'Antiquité, trou-

A

vent d'ordinaire plusieurs difficultez qui les arrêtent. Cela
vient souvent de ce que l'histoire garde un profond silence
sur des circonstances qu'il seroit
necessaire de sçavoir, tant pour
l'éclaircissement des faits qui
nous restent, que pour l'ordre
& la connoissance des temps.
Ce n'est pas qu'il n'y ait eu
dans chaque siecle des Auteurs,
qui ayent pris soin de nous laisser-
ser des ouvrages de ce genre.

Le haut Empire, par exem-
ple, comme on l'appelle parmy
les Antiquaires, a eu assez d'ex-
cellens hommes, qui avoient
écrit avec exactitude tout ce
qui s'étoit passé de leur temps.

Le bas Empire, qui commence à l'Empereur Gallien, n'a
pas été moins fertile en Historiens ; sur tout dans le temps
que le Paganisme subsistoit en-

core : mais la plûpart de ces ouvrages se sont perdus, & ce qui nous reste de certaines histoires est fort peu de chose. Ce ne sont le plus souvent que des abregés assez mal digerez, ou des fragmens qui tout precieux qu'ils sont d'ailleurs, ne laissent pas d'être defectueux en beaucoup d'endroits.

Ce malheur a été de tous les âges; cependant il faut avoüer que le bas Empire l'a plus éprouvé que tout autre temps; & cette fatalité ne doit pas moins s'attribuer aux troubles de la guerre, qu'au peu d'exacti- tude des copistes, & à l'injure des temps. Il ne faut pas dou- ter en effet, comme le remar- que un de nos Antiquaires, que les Gots, ces ennemis jurez des Lettres, & les autres barbares venant à inonder presque tout

Utilité des Vo- yages. Tom. 2.

l'Empire Romain, n'y ayent répandu leur barbarie, & qu'ils ne nous ayent caufé de grandes pertes dans ce genre. Faifant confifter une partie de leur gloire dans la deftruction des plus precieux monumens, ils ne voyoient point que c'étoit détruire d'une main la gloire qu'ils recüeilloient de l'autre, & s'enfevelir comme Samfon, fous l'édifice qu'ils renverfoient. C'eft delà que tant de tenebres fe font répanduës dans la plûpart des ouvrages des Anciens, & que l'on y trouve tant de lacunes, tant de faits dérangés; c'eft delà que tant d'erreurs, que tant de noms corrompus, ou de faits apocryphes font venus, & regnent peut être encore.

Mais comme l'autorité ny le temps ne forment point de pre-

scription legitime contre la verité, dez que le goût des bon-
nes Lettres est revenu, l'Histoire est rentrée dans une partie
de ses droits. On a éclaircy plusieurs passages par le moyen de
la critique : on a remply une
infinité de lacunes par les ma-
nuscrits que l'on a consultés ; &
lorsqu'il s'en est trouvé quelqu'un de plus correct, on a sçû
en profiter pour corriger les
autres.

C'est le chemin qu'ont tenu
ces fameux Critiques des siecles
passez, les premiers qui se sont
attachez à l'éclaircissement de
l'Histoire. Neanmoins cela ne
leur réüssissoit pas toûjours ega-
lement ; & à l'égard de certains
noms équivoques, à moins que
d'être déterminé là-dessus par
quelque autorité plus infailli-
ble, il n'y auroit point eu de
A iij

sûreté à vouloir rien décider.
D'ailleurs la plûpart des ma-
nuscrits étant copiez le plus
souvent les uns sur les autres,
ils se trouvent d'ordinaire tous
corrompus dans le même endroit, ou bien ils ne font que
changer d'erreur.

Il a donc fallu avoir recours
à des monumens plus seurs &
plus difficiles à alterer. Ce font
les Inscriptions, les bas-reliefs,
& les autres antiquitez de ce
genre, mais sur tout les Medailles dont je parle : Ce font les
monumens pour qui le temps
semble avoir eû quelque espe-
ce de respect. Ce font des té-
moins sinceres, autentiques, &
incorruptibles que l'Antiquité
ne nous rend pas moins vene-
rables que l'importance des
faits dont ils nous conservent
la memoire. C'est-là que nous

voyons encore un échantillon de la politesse des Grecs, de la valeur des Romains, & de plusieurs autres Peuples dont le nom remplissoit l'Univers. C'est-là que l'on voit au naturel le portrait des Rois de toutes les Monarchies les plus illustres, des Cesars, des Tyrans, & même de plusieurs grands Personnages, qui tous ont trouvé dans ces monumens un asyle seur contre l'injure des temps. [a] *Per hæc simulachra nesciunt obitum vel sepulti ; in æternitatem migrat per has artes imago mortalium, & angustam humanæ naturæ legem vincit industria.* Ce sont ces monumens qui font vivre les hommes même aprés qu'ils sont décendus dans le tombeau ; c'est cet art merveilleux qui fait passer leur portrait & leur nom jusqu'à la posterité la plus recu-

[a] Ennodius.

lée ; c'eſt par cet artifice admirable qu'ils ſe ſont affranchis des loix de la nature, qui fait perir toutes choſes ſi promptement & qui nous entraîne avec tant de rapidité.

C'eſt encore de la connoiſſance de ces monumens que dépend celle des buſtes, des figures, des marbres, des bronzes antiques, des pierres gravées, & generalement de tout ce que la Theologie des Payens a de plus myſterieux.

Ainſi cette connoiſſance n'eſt pas ſeulement neceſſaire à un homme qui s'attacheroit à l'Hiſtoire ; elle l'eſt encore à tous ceux qui veulent avoir une idée exacte des ouvrages de l'Antiquité. Sans cela il eſt impoſſible d'en parler avec juſteſſe ; en un mot, il n'y a plus aujourd'huy que les ignorans & les petits

eſprits, qui demandent à quoy
ſert la recherche des monumens antiques.

Pluſieurs Sçavans ont publié
les avantages que l'on peut tirer de la recherche de ces monumens, l'illuſtre Mr Spanheim
entr'autres en a fait un ouvrage
exprés : Mais l'érection d'une
Académie en France pour ce
ſujet par LOUIS LE GRAND,
fait voir plus que tout ce qu'on
en pourroit dire, quelle eſtime
on en doit concevoir.

Comme ce ſont les Medailles
qui ont procuré beaucoup de
lumieres, c'eſt auſſi à cette eſpece de monumens, que le plus
grand nombre de Sçavans s'eſt
attaché. On en fait des ſuites
de toutes les grandeurs , & de
tous les métaux. On tâche de
ranger ces monnoyes ſelon l'ordre chronologique (l'un des plus

commodes pour nôtre inftruc-
tion) pour rendre à chaque fiecle fes évenemens particuliers,
& pour voir comme d'un clin
d'œil l'ordre, & le rang que la
plûpart des Heros ont tenu
dans l'Antiquité. Mais cet ordre
que l'on doit garder dans cet
arrangement, n'eft pas fi facile
que l'on pourroit fe l'imaginer
d'abord. Combien de fois les
plus habiles fe font-ils trou-
vez embarraffez pour ranger
quelques Medailles fingulieres
d'Empereurs ou d'Imperatrices
dont on ne connoît ny le tems,
ny les actions, & dont les noms
font le plus fouvent ou corrompus ou obmis dans l'hiftoire ?

Le Pacatianus, le Marinus,
le Nigrinianus, dont on voit
des Médailles dans les Cabinets,
font encore de ce nombre. On
voyoit autrefois parmy les Im-

peratrices, une Barbia Orbiana, une Cornelia Supera, auſſi-
bien que Severina, ſans époux
veritables, & l'hiſtoire qui nous
reſtoit de leur temps, ne nous
en marquoit rien de certain.

Quant à Marinus, dont on
trouve l'apotheoſe dans une
Medaille ſinguliere; je ne doute point que ce ne ſoit le même
que celuy dont parle Zoſime [a]
& Zonare [b]. L'on peut donc ranger cette Medaille aprés celles
des Philippes ſous qui ce Tyran
ſe ſouleva, comme le diſent ces
Auteurs.

Il y avoit plus de difficulté à
l'égard du Pacatianus; cependant aprés ce que le R. P. Cha-
millard & Mr Galland ont remarqué de la fabrique des Medailles de ce Prince, on ne peut
guere diſconvenir, qu'elles ne
reſſemblent à celles des Phi-

Seguin ſel. num. p. 180.

a lib. 1. p. 642.

b p. 224.

lippes : mais ce qu'ajoûte Mr
Baudelot dans sa lettre à Monsieur Galland, où il prétend
que le Pacatianus est le même
que le Jotapianus de nos Historiens, ne permet pas, ce me
semble, d'en douter. Puis qu'on
ne trouve point de Medailles
de Jotapianus, que ce nom de
Jotapianus se trouve corrompu
dans un autre endroit, en celuy
de Papianus ; il y a lieu de croire qu'ils le sont tous deux, &
qu'au lieu de Jotapianus, ou de
Papianus, il faut corriger Pacatianus. On pourroit confirmer
cette conjecture par plusieurs
autres exemples. Qui auroit re-
connu de même que le Balatus
ou Balbatus, comme on le trouve dans les Historiens, seroit le
même que le Vabalathus, comme ses Medailles le portent ;
que le Diadumenus de quel-

ques Auteurs, feroit le Diadu-
menianus de nos Medailles?
C'eſt ainſi que Zoſime ou plûtôt ſes Copiſtes, d'Aureolus ont
fait un Aurelianus. On en trouveroit pluſieurs autres, mais je
m'éloignerois trop de mon ſujet,
ſi je voulois rapporter icy tout
ceque j'en ay remarqué.

Le temps de Nigrinianus me
paroît plus incertain, ſuivant
ce qu'on nous en a propoſé juſ-
ques icy : j'en diray cependant
mon ſentiment dans une Diſſertation expreſſe, où je feray voir,
que l'on s'eſt éloigné de ce que
les Medailles de cet Empereur
nous en apprennent, lorſqu'on
l'a dit fils d'Alexandre Tyran
en Afrique du temps de Maxence.

Les Antiquaires ne ſçavent ils
pas qu'on a été long-temps ſans
connoître de quel Empereur

Barbia Orbiana pouvoit être
femme ? Quelques-uns la don-
noient à Trajan Dece ; mais la
Medaille singuliere que Mr Seguin rapporte, où l'on voit la
tête d'Alexandre Severe d'un
côté, & de l'autre celle de Barbia Orbiana, détruit cette opinion, & supplée une circonstance échapée à l'histoire.

Nous sçavons encore par une
Medaille singuliere du Cabinet
du Roy, qu'Etruscille doit être
la femme de Trajan Dece, au
revers de qui elle se trouve.

C'est aussi une Medaille qui
nous apprend que Severine étoit
la femme d'Aurelien, au revers
de qui se trouve gravée cette
Princesse.

Il n'en a pas été de même de
Cornelia Supera que des trois
precedentes. Celle-cy n'a encore que des conjectures dans son

party. Monsieur Tristan la fait épouse du jeune Valerien. La fabrique des monnoyes de cette Princesse est une de ses principales preuves ; & Mr Vaillant assez connu dans ce genre d'étude, l'a trouvée si bonne, qu'il l'a adoptée.

Magnia Urbica, dont nous avons plusieurs Medailles differentes, est cependant encore une de ces Princesses que l'on peut dire Inconnuës. Comme les livres ne nous en apprennent rien, c'est pour ainsi dire à elle seule qu'il faut s'adresser, pour sçavoir & le temps de son regne & le nom de son époux. Ceux qui l'ont voulu donner jusqu'icy à quelques Empereurs sans ce secours, n'ont rien fait qui quadrât à ce qui nous reste de l'histoire de ces Princes, ny aux types qui se trouvent sur les

Medailles des uns & des autres,
non plus qu'à la fabrique des
Monnoyes d'Urbica & de celles
de Maxence, qu'on luy donne
pour mary. Mais avant que de
m'expliquer là-dessus, il est bon
de rapporter en peu de mots
ce que l'on a publié jusques icy
touchant le temps de cette Princesse, pour faire connoître si ce
que j'en diray après, n'est pas
fondé sur une plus-exacte critique, & telle que la demande
cette matiere.

Occo celebre Medecin d'Aus-
bourg & Antiquaire, est le premier qui nous ait parlé de Magnia Urbica : il place cette Princesse aprés Maxence.

Langeloni s'est contenté de
suivre cette opinion sans y rien
ajoûter.

Monsieur Tristan à l'exemple
d'Occo arrange aussi les Medailles

dailles de Magnia Urbica aprés
celles de Maxence ; mais il n'a
pas prétendu non plus que
luy, nous faire un préjugé de
ce ſentiment. Il s'en explique
luy-même de cette maniere ; *Je ne range point*, dit-il en cet
endroit, *Magnia Urbica, comme
ſi j'étois aſſuré qu'elle fut ſa femme, ſeulement je tiens pour certain
qu'elle ne l'étoit pas de Magnentius, comme quelques-uns l'ont
eſtimé, ce que la forme de ſes Medailles fait aſſez voir.*

Mr Patin n'a pas pouſſé plus
loin ſes conjectures ; il a fait
graver ᵃ une Medaille de cette
Imperatrice, & dit, *qu'on dou-
toit encore de ſon temps, ſi elle
étoit femme de Maxence, ou bien
de Magnence.* Il y a au revers de
cette Medaille *Veneri victrici*
& il ajoûte enſuite, qu'il en avoit
une autre avec le titre de *Venus*

B

ᵃ Dine
ſon tré-
ſor p. 15.

BIBLIOTHEQUE ROYALE
I

genetrix, que j'ay, d'où il con-
clut qu'elle doit plûtôt être la
femme de Maxence que de
Magnence, *& cela*, dit-il, *parce
que nous n'avons pas de témoignage que Magnence ait eu des enfans.*

Mr Begerus qui nous a donné depuis quelques années le
Trefor Palatin, où il a fait une
recherche affez exacte de bien
des chofes, ne nous en apprend
pas davantage.

Le R. P. Hardoüin, dont la
fagacité eft admirable, eft celuy de tous qui s'eft le plus ap-
proché de la verité fur ce fujet.
Il avance dans fon fiecle de
Conftantin [a] qu'elle étoit femme de Carinus ou de Nume-
rianus. Peu s'en eft fallu que
nous ne nous foyons rencon-
trés; ce qui me fit d'abord concevoir un bon augure de mon

[a] p. 69.

sentiment : mais comme ce sçavant Antiquaire n'a point ajoû-
té de preuve assez forte à ce
qu'il en dit en passant, on n'a
pas laissé de suivre toûjours l'o-
pinion d'Occo & de quelques
autres qui la faisoient femme de
Maxence.

Voila, MONSEIGNEUR, quel-
le a été la pensée ou plûtôt
quelles ont été les differentes
conjectures qu'on a eu jusques
icy sur le temps de Magnia
Urbica.

On sçavoit que Maxence
avoit eu des enfans, dont l'aîné
s'appelloit *Romulus*, & qui fut
consacré, comme ses Medailles
nous l'apprennent, par cette
Inscription : DIVO ROMULO
NUBIS CONS. Il avoit encore
un autre fils,[a] à ce que l'on conjecture, dont on ne sçait point
le nom, non plus que celuy de

a Pane-
gyr. an
de Const

la mere. Ainsi comme les Medailles de Magnia Urbica representent une Princesse inconnuë
dans l'histoire, & comme les
Types de quelques-unes, comme
celuy de *Venus Genetrix*, mar-
quent qu'elle avoit eu des enfans, l'on a conclu de-là qu'elle
pouvoit être femme de Maxence ; mais il est aisé de voir que
cette conclusion n'est pas juste,
que la conjecture en est trop va-
gue, & qu'on n'en peut rien inferer de certain. Combien d'autres
Empereurs ont eu des enfans
comme celuy-cy, & dont on ne
connoît point les femmes dans
les Auteurs ? Ainsi le *Venus Gene-*
trix, qui a engagé Mr Patin à
la donner à Maxence plûtôt
qu'à Magnence, pourroit prouver que cette Princesse doit
avoir eu des enfans, mais de là
il ne s'ensuit nullement qu'elle

ait été la femme de Maxence.

Je ne vois pas cependant que l'on ait eu de meilleures preuves ; en effet, si ce sentiment étoit soûtenable, il ne pourroit l'être au defaut des Auteurs, que par l'autorité des Medailles qui seroient semblables ou par leur Inscription, ou par la forme des caracteres, ou par le reste de la fabrique. Cette derniere circonstance n'est pas une des moindres qu'il faut consulter dans ces matieres, non plus que la forme des caracteres & le genie de l'Inscription. Or la conjecture que les premiers Antiquaires ont avancée que *Magnia Urbica* étoit femme de Maxence, ne se peut soûtenir par aucun de ces argumens, comme il est aisé de le faire voir.

1°. On peut avancer comme

un principe certain , que les
monnoyes d'un Empereur & de
l'Imperatrice fa femme, & celles de leurs enfans, doivent fe
reffembler, & pour la fabrique
& pour les caractéres, & pour
les legendes, autant que pour
de certaines lettres qui fe trouvent dans l'exergue des Medailles, principalement d'un
certain âge.

2°. On fçait que chaque fiecle a eû fon genie particulier,
que felon l'eftime que l'on faifoit des beaux arts, & la re-
compenfe qui y étoit attachée,
les productions de ces temps-là
en étoient plus ou moins excel-
lentes dans leur efpece. C'eft
auffi fur cette regle, comme le
remarque Mr Baudelot dans
fon Utilité des voyages, qu'il
faut juger des marbres & des
autres monumens. Ils retien-

nent auffi-bien que nos Medailles, pour ainfi dire, l'emprein-
te & le caractere des temps qui
les ont produits. Cela étant un
fait conftant & qui fe trouve
autorifé par une infinité d'e-
xemples affez connus, il faut
examiner fi la fabrique des
monnoyes de Maxence & celle
de Magnia Urbica fe reffem-
blent. Or l'infpection des unes
& des autres fait voir le contraire; il ne faut donc pas douter que Magnia Urbica, & Maxence, ne foient d'un temps
bien different.

Cet argument doit être de
quelque autorité dans ces fortes
de matieres, & je m'en fers
d'autant plus volontiers, que je
trouve les Medailles de Romulus parfaitement femblables en
cela, à celles de Maxence fon
pere. Il eft donc fans doute &

fans difficulté, que celles de Magnia Urbica devroient être de la même fabrique, fi elles étoient veritablement du temps de Maxence.

Mais quand la fabrique ne feroit pas un argument affez fort pour combattre ce fenti-ment, il fe trouve encore de certaines lettres qui achevent de le détruire. Ces caracteres ne doivent pas être differens dans les Medailles du mary & de la femme, ils le font neanmoins icy.

Pour faire connoître cet ufage, & pour donner plus de force à l'argument que j'en tire, il eft bon de dire un mot de ces caracteres, dont les Medailles du bas Empire font ordinairement remplies. Ce n'eft que vers le temps de Gallien que l'on commence à en remarquer l'ufage.

l'usage. Il s'en voit neanmoins quelques-uns sur les Medailles d'argent de Philippe & de M. Otac. Severa sa femme.

Dans l'Exergue.

I.

II.

III.

IIII.

Є

Dans le champ.

S

Є

Pour ce qui est des Medailles de Gallien, sous qui l'on peut dire que cet usage a veritable-ment commencé; l'on n'y gra-va d'abord que quelques Let-tres singulieres, soit grecques, soit latines, semées assez indiffe-remment, ou dans le Champ, ou dans l'Exergue: comme on le peut voir dans la liste que j'en donne ici tirée des Medailles de

C

cet Empereur dont j'ay un assez grand nombre.

Lettres ou differens caracteres qui se trouvent sur les Medailles de petit bronze de l'Empereur Gallien & de Salonine sa femme.

GALLIEN.		SALONINE.
Exergue.	Champ.	Exergue.
A	A	Δ
B	B	S
Γ	Γ	YI
Δ	Δ	9
ε	ε	Q
ς	IV	MS
VI	V	PXV
Z	S	Champ.
H	VI	A
N	Z	B
X	H	Δ
XI	IX	S
XII	X	VI
P	XI	Z
T	N	P
MP	P	Q
MS	Q	
MT	T	
PXV		

POSTUME.	Є	X
	S	X I
Exergue.	Z	X II
P	N	QuINTILLUS
S	P	Exergue.
T	T	Γ
Champ.	X	Δ
P	X I	P
VICTORIN.	X II	S
Champ.	A N U S	T
V	Champ.	V
VABALA-	Λ	X I
THUS au re-	B	X I I
vers d'Aure-	Γ	Champ.
lien.	Δ	Λ
B	Є	B
Z	Э *sic*	Γ
H	S	Δ
CLAUDE	Z	Є
le Gothique,	H	S
Exergue.	I	Z
Λ	I I	N
B		Q
Γ	N	X
Δ	P	X I

Les mêmes lettres se trouvent dans les medailles d'Aurelien, mais en plus grand nombre ; il s'en introduisit même
d'autres dans les monnoyes de

cet Empereur qu'on n'avoit pas
veu jusqu'alors, & qui se voyent
aussi dans les medailles de Tacite, de Florien, de Probus,
de Carus & ses deux fils Carinus & Numerianus, comme on
le va voir dans la liste suivante.

Exergue.	AURELIEN.		
	Q M	Q XXI	
A	S M	Z X XI	
B	T M	Ch. & Exerg.	
C	K A A	A	
Γ	K A B	P	
Δ	K A Γ	Q	
Θ	K A Δ	S	
S	P X X T	X I	
H	S X X T	X II	
P	T X X T	A	XXI
Q	Q X X T	B	XXI
T	X X I P	S	XXI
IV	X X I S	Γ	XXI
V	X X I Γ	T	XXI
VI	X X I Δ	Δ	XXI
VII	X X I Q	Q	XXI
VIII	X X I V	Θ	XXI
A C	X X I V I	V	XXI
C A	P X X I	VI	XXI
C T	B X X I	VII	XXI
Γ C	S X X I	Z	XXI
Δ C	Γ X X I	A	XXIR
HC	T X X I	B	XXIR

Colonne 1	Colonne 2	Colonne 3
Γ XXIR	M	IIII
Δ XXIR	P	V
I XXIR	Q	VA
S XXIS	S	P
S XXIT	T	Q
S XXIV	AA	S
	BA	T
SEVERINE.	CA	KAΔ
Exergue.	XXIA	X XIB
Γ	λ XIB	XXIΔ
Δ	X XIΓ	XXIЄ
Є	XXIΔ	XXIS
S	XXIЄ	XXIVI
Z	XXIS	XXIZ.
VXXT	XXIZ	Ch. & Exerg.
VXXI	XXIP	F XXI
VIXXI	Ch. & Exerg.	
Ch. & Exerg.	A	PROBUS.
S XXI	B	Exergue.
IV XXI	C	I
RS XXI	Δ	II
B XXIR	AA	III
Є XXIR	ΔA	IIII
	B XXI	V
TACITE.	Γ XXI	A
Exergue.	S XXI	B
I	Q XXI	C
II	Z XXI	Ɔ
III		RA
IIII	FLORIEN.	RB
V	Exergue.	RΓ
VI	I	RΔ
C	II	RЄ
Δ	III	RS

C iij

RZ	Є	XXII	9XXI
KAA	V	XXI	VXXI
KAB	V	TXXI	VIλXI
KAΓ	VI	XXI	STXXI
KAΔ	VII	XXI	*Ch. & Exerg.*
XXIA	Є	PXXI	A
XXIP	I	QXXI	B
XXIS	I	QVIXXI	D
XXIΓ	Q	SλXI	P　XXI
XXIT	CM	XXIP	A SMSXXI
XXIΔ	CM	XXIS	
XXIQ	CM	XXIQ	**MAGNIA**
XXIЄ	MC	XXI	Urbica.
XXIV	PMC XXI		*Exergue.*
XXIVI			SXXI
SXXT	CARUS:		SXXIT
TXXT	*Exergue,*		KAΓ
QXXT	I		KAS
ΓXXI	II		KAS
VXXI	III		*Ch. & Exerg.*
VXXT	IIII		D
VIXXT	CA		A SMSXXI
Ch. & Exerg.	KAA		
A	KAB		**CARINUS.**
B	KAΓ		*Exergue.*
C	KAA		KAA
X	AKΔ		KAB
A XXI	BKA		KAΓ
P XXI	ΓKA		KAΔ
B XXI	ΔKA		KAЄ
S XXI	XXIA		KAZ
T XXI	PXXI		ЄKA
Δ XXI	SXXI		ZKA
Q XXI	QXXI		QXXI

Right-margin column: S T V S S C A C E A … C Є (

SXXI		A	XXI	ΔKA
TXXI		B	XXI	VXXI
TAXIT		Γ	XXI	VIXXI
VXXI				TXXI
VIXXI		*Numerianus*	*Ch. & Exerg.*	
SMSXXIA		*Exergue.*	C	
SMSXXIB		KAA	B	
Ch. & Exerg.		KAB	C	LVC
A		KAΓ	Γ	XXI
C		KAΔ	Δ	SMSXXI
D		KAS	S	XXI
A	LVC	KAZ	TR	XXI
D	LVC	SKA		

Cet usage s'est generalement observé dans les Medailles de ces Princes, & ne passe guere ce temps-là. Si l'on trouve quelquefois ces lettres dans Diocletien, dans Maximien, dans Constantius Chlorus & dans Galerius Maximianus leurs Collegues, outre qu'elles n'y sont pas dans le même arrangement, ny au même nombre; on voit bien que l'usage de ces caracteres commençoit à s'abolir. C'est aussi pour cela qu'on en remar-

que de nouveaux dans les Medailles de ces mêmes Empereurs ; comme par exemple le
P. T R. qui ne commença que
fous Diocletien ou Maximien,
continua dans les Medailles de
Maxence & de toute la famille des Conftantins & autres.
Pour le MOST. P. MOST. S.
MOST. T. MOST. Q. qui fe
trouve dans les Medailles de Li-
cinius & du grand Conftantin,
ils ne commencerent que fous
Maxence, où je les ay veu fort
frequens. Les autres C O N.
& le CONOB qui ont tant exer-
cé l'efprit des fçavants, ne commencerent les premiers que
fous Conftantin : le CONOB
que fous Hanniballien Roy du
Pont , & fe trouvent dans la
plûpart des Medailles d'or des
Empereurs Romains qui font
venus aprés Hanniballien , &

même dans quelques monnoyes
d'or de nos premiers Rois de
France. On ne faisoit pas autrefois beaucoup d'attention à ces
sortes de caracteres, & l'on ne
consideroit souvent que la legende principale ; cependant il
ne faut pas douter que l'explica-
tion de ces lettres, ou plûtôt de
ces Enigmes, ne nous fit découvrir bien des veritez, & qu'elle
ne nous servît beaucoup pour
developper plusieurs choses qui
en peuvent dépendre, & qui
nous font encore cachées dans
ce bas Empire, où l'obscurité
regne si souvent. Elle seroit
peut-être utile pour déterrer
plusieurs de nos coûtumes, dont
on ne sçait pas l'origine, & que
nous pouvons avoir prises de
ces temps-là.

Je ne suis pas le premier neanmoins qui ay fait attention à

ces caracteres , quoique j'en
euſſe déja beaucoup ramaſſé
pour en tirer quelques lumieres,
comme Mr Baudelot le ſçait ,
avant qu'il me communiquât
un manuſcrit du R. P. Wilt-
heim , où ce ſçavant Jeſuiſte en
avoit recuëillis pluſieurs. Quelques Antiquaires s'étoient déja expliquez ſur quelques uns.
Mais le R. P. Hardoüin eſt le
premier qui m'ait pour ainſi-di-
re prevenu , & qui en ait publié
une eſpece de Syſtême aſſez ſin-
gulier dans ſon ſiecle de Con-
ſtantin. On peut dire neanmoins qu'on n'a pas eu juſqu'ici
dans cette recherche tout le ſuc-
cés qu'on en pouvoit eſperer ,
& que quelque parti que l'on
prenne ſur les differens ſenti-
mens que l'on a avancé à ce ſujet, on ne laiſſe pas d'y trouver
encore des difficultez preſque

insurmontables , comme on
pourroit le faire voir. Mais quoique ces differents caracteres,
dont tout nôtre bas Empire est
rempli, puissent signifier(ce que
je n'entreprends pas d'expliquer ici)il est constant que cet
usage a toûjours été le même
dans les Medailles d'une Imperatrice, que dans celles de l'Empereur son mari ; cela se peut
voir , si l'on en vouloit douter,
dans les Medailles de Gallien
& de Salonine , d'Aurelien &
de Severine, de Constantin &
de Fausta &c. Le même usage
s'est encore observé dans les
Medailles de leurs enfans : le
P. TR. ou S. TR. par exemple,
que je n'ay point encore remarqué avant Diocletien & Maximien , & qui se trouve dans Constantin & Fausta sa femme , se
lit encore suivant la même re-

gle , dans toute leur famille ,
dans Helene mere de Conftantin , dans fes trois enfans, Conftantin le jeune , Conftans &
Conftantius, auffi-bien que dans
Delmatius neveu de Conftantin. Cette uniformité de cara-
éteres fe remarque encore
dans les Medailles des Collegues , comme nous le voyons
dans Dioclétien & Maximien ,
dans Conftantius Chlorus & le
Galerius Maximianus , dans
Severus & Maximinus. C'eft
ainfi que je trouve plus bas encore dans les Medailles de Valentinien , de Valens fon frere,
de Gratien fon fils,cette infcription finguliere & uniforme R.
PRIMA. R. SECUNDA. R.
TERTIA. R. QUARTA. Or
de l'examen de ces lettres , qui
fe trouvent dans l'Exergue ou
dans le Champ des Medailles

du bas Empire, il est aisé de conclure que ces caracteres devroient être les mêmes dans Magnia Urbica que dans Maxence & dans Romulus son fils, si l'on veut qu'elle ait été la femme du premier. Il sera donc à propos de donner ici une liste de ceux qui se trouvent dans les Medailles de Maxence, de Romulus & de Magnia urbica, pour en tirer la consequence qui suit naturellement.

Legendes ou Caracteres qui se trouvent à l'Exergue des Medailles de Maxence & de Romulus son fils.

Maxence.
Exergue.

PT	AQT	MOSTB
ST	PTR	MOSTS
TT	RBQ	MOSTT
ANT	REP	MOSTA
AQS	MOSTP	MOSTQ

Les mêmes lettres se trouvent dans les medailles de Romulus son fils.

ROMULUS.
Exergue.

RT	MOSTS
RBS	MOSTT
REP	

Caracteres qui se trouvent sur les medailles de Magnia URBICA.

Exergue.	Champ.		
	D	Venus ge-netrix.	Magn. Ur-bica aug.
SMSXXI	A	Salus pu-blica.	Magnia Ur-bica aug.
SXXI		Venus ce-left.	Magnia Ur-bica aug.
SXXIT		Venus vic-trix.	Ead. Epig.
KAГ		Venus vic-trix.	Magn. Ur-bica aug.
KAS		Venus vic-trix.	Ead. Epig.
KAS		Juno Re-gina.	Ead. Epig.

Comme ces lettres font diffe-rentes dans Magnia Urbica &

dans Maxence, & qu'elles se
trouvent les mêmes dans celui-
ci, que dans Romulus son fils,
je ne vois pas qu'on puisse encore suivre l'ancienne opinion
sur ce sujet, puisque la fabrique
& l'inscription de leurs medailles s'y trouvent si manifeste-
ment opposées. Pour moi, Monseigneur, je suis si persuadé du
sentiment contraire, & que Magnia Urbica doit être d'un autre temps par les raisons que
j'ay aportées ; que quand même l'Histoire feroit mention
d'une Magnia Urbica pour être
la femme de Maxence, je ne
laisserois pas de chercher à nôtre Princesse un autre temps &
un autre Epoux qui se trouvât
authorisé par la conformité de
ces caracteres & de leurs medailles, sans quoy l'on ne sçauroit gueres rien établir de cer-

tain dans ces matieres.

Le sentiment de ceux qui donnent Magnia Urbica à Magnence ou à Decence, ou bien à Mag. Maximus, paroît si peu vrai-semblable à ceux qui sont un peu initiez dans ces mysteres, qu'il ne meriteroit pas d'être refuté; cependant pour en découvrir toute la fausseté, on n'a qu'à suivre les mêmes preuves à peu prés, & garder la même methode que je viens d'exposer au sujet de Maxence. La fabrique, l'inscription en sont tout-à-fait differentes: aussi n'a-t-il, ce me semble, été suivi de personne. Il n'y auroit qué le prenom de MAG, qui se trouve dans quelques medailles de Decence & de Maximus, qui eût pû donner lieu à cette conjecture; mais cela ne sçauroit rien prouver,

n'étant

n'étant soûtenu d'aucune rai-
son recevable dans la matiere.
Quant à Magnentius à qui quelques-uns ont aussi voulu donner cette Princesse à cause de
la conformité du nom, l'on
sçait qu'il n'eut qu'une femme
qui s'appelloit Justina, la mê-
me qui *épousa ensuite l'Empereur* *Zozime*
Valentinien à cause de sa rare *l. 767.*
beauté & des grands avantages de *ch. 37.*
l'esprit dont elle étoit doüée. Ainsi
tout ce qu'on auroit avancé sur
ce sujet ne peut passer que pour
tres chimerique, aussi-bien que
le prenom de Magnentia Urbica, comme quelques-uns l'ont
entendu, pour s'accommoder
à leur sentiment, au lieu qu'il
faut lire Magnia Urbica, comme il se trouve quelquefois écrit
tout au long dans ses medailles.

Aprés avoir répondu aux di-
vers sentimens que l'on a eu

D

jufqu'ici au fujet de cette Imperatrice, & fait voir qu'elle ne fçauroit être la femme d'aucun des Empereurs qu'on avoit prétendu lui donner, il ne refte plus qu'à propofer mon fentiment, & à l'établir. Nous examinerons en même temps celui du R. P. Hardoüin, pour voir fi l'on peut la donner, comme fait ce fçavant homme, à Carinus ou à Numerianus; ou bien s'il n'y auroit point quelque autre Prince qui foit en droit de la revendiquer.

1. On peut dire que quand même nôtre Imperatrice feroit femme de Carinus ou de Numerianus, felon l'opinion du Pere Hardoüin, on en pourroit toûjours douter, jufqu'à ce qu'on eût trouvé quelque témoignage au moins fpecieux qui la déterminât en faveur de

Carinus, pour qui cet Antiquaire penche davantage. Mais
comme il ne nous fournit point
de preuves suffisantes pour dé-
fendre son sentiment, & que
celles qu'il peut avoir euës sont
communes à bien d'autres Empereurs, il m'a laissé toute liberté de soûtenir le mien. La
fabrique & l'inscription sont
les deux points en fait de medailles, ausquels il faut faire
le plus d'attention en general
dans ces sortes de recherches,
pour s'assurer d'abord du temps
à peu prés auquel l'Empereur
ou l'Imperatrice en question
peuvent avoir regné; mais comme cela ne suffit pas toûjours
pour resoudre des difficultez
qui peuvent naître d'ailleurs,
il faut descendre dans un détail
particulier de certaines preuves qui semblent plus favoriser

D ij

l'un que l'autre de deux ou de plufieurs Empereurs, dont la fabrique & l'infcription feroient femblables comme elles le font icy. C'eft en quoy je crois avoir eu quelque fuccez, & avoir mê-me trouvé dequoy donner une efpece de certitude à mon fen-timent. Je le propofe donc icy avec d'autant plus de confian-ce, que j'ay le fuffrage de quel-ques habiles, & que le R. P. Hardoüin, en raprochant Ma-gnia Urbica de fon veritable temps, vient en quelque façon au fecours de ma découverte. Je fuis le premier neanmoins, fi je l'ofe dire, au fujet de cette Princeffe, qui ay tiré les confe-quences qui paroiffoient fuivre de tout ce que les Auteurs & les medailles peuvent nous fug-gerer de certain là deffus. Le R. P. Hardoüin qui fait Magnia

Urbica femme de Carinus ou
de Numerianus, mais plutôt
du premier que du second, a
eu à la verité pour luy la fabrique & l'inscription qui se trouvent semblables dans les medailles d'Urbica & de ces Princes ; mais on ne sçauroit encore rien inferer delà qui fasse
plutôt pour ces deux Princes
en particulier que pour tous
les autres en general, dans les-
quels cette uniformité de fabrique & d'inscription se remarque, & dans qui cette es-
pece de legende qui se trouve
dans l'Exergue, est aussi sem-
blable. Ainsi jusqu'à ce que l'on
ait aporté des preuves pour
donner Urbica à l'un plutôt
qu'aux autres, la difficulté res-
tera toûjours pour cinq ou six
Empereurs ausquels on peut
dire que cette Princesse con-

vient autant qu'à Carinus par rapport à la fabrique.

Ainsi à ne considerer d'abord que la fabrique & l'inscription de l'Exergue , je trouve plusieurs Princes qui pourroient luy convenir. Aurelien seroit de ce nombre , si l'on ne connoissoit pas Severine pour sa femme. Il en seroit de même de Tacite , de Florien , & de Probus. Une de mes raisons est que ces caracteres K A A. P. X X I. & autres semblables, qui ne commencerent que sous Aurelien , se trouvent les mêmes dans tous ces Empereurs , la fabrique même, suivant ce que j'en ay remarqué plus haut , n'a pas dû changer considerablement dans si peu de temps ; puisque tous ces Empereurs,que je viens de citer à peine ont-ils fait entre eux dix ou douze an-

nées de regne. Il faut donc examiner leurs alliances , confronter leurs medailles avec celles
de Magnia Urbica , & tâcher
de découvrir celuy qu'on doit
legitimement luy rendre pour
époux.

Vopiscus nous apprend que
Tacite eut des enfans : c'est
dans la harangue que Falconius
Nicomachus prononça dans le
Senat , & où il rend graces aux
Dieux immortels de l'élection
qu'on venoit de faire de ce Senateur pour Empereur. Il le con-
jure ensuite avec liberté pour
le bien & au nom de sa patrie ,
que si les destinées venoient
à l'enlever trop tôt du monde ,
il n'eût point à instituer ses jeu-
nes enfans pour heritiers & suc-
cesseurs à l'Empire. *Gratias igi-
tur Diis immortalibus ago atque
habeo , & quidem pro universâ*

Republicâ, teque, Tacite Augufte, *convenio, petens, obfecrans, liberè pro communis patriæ legibus depofcens , ne parvulos tuos , fi te citius fata præveniant , facias Romani Hæredes Imperii.* Aprés quoy il ajoûte ces belles paroles : *Quare circumfpice , imitare Nervas , Trajanos , Hadrianos , ingens eft gloria morientis Principis Rempublicam magis amare quàm filios ;* & l'exhorte de fuivre en cela l'exemple des Nervas, des Trajans, des Hadriens, par cette verité, que la plus grande gloire qu'un Prince puiffe s'acquerir en mourant, eft de preferer le bien & le falut de la Republique à celuy de fes propres enfans. Ainfi nôtre Princeffe portant le titre de *Venus genetrix* dans fes Medailles pouvoit luy convenir : mais ce que cemême Auteur
ajoûte

ajoûte quelques lignes plus bas: que Tacite ne permit point à sa femme de porter des pierre-ries, *Uxorem gemmis uti non est passus*. Cela, dis-je, ne sçauroit s'accorder avec nôtre Prin-cesse, puisque ses monnoyes nous la representent toute cou-verte de pierreries, comme on le voit dans une Medaille sin-guliere que j'ay de cette Impe-ratrice, & dont je donne le dessein fort exact. Elle est de petit bronze, telle qu'on les trouve ordinairement, mais avec son buste dans un croîs-sant; l'habit de cette Princesse y paroît tout semé de pierreries.

Florien frere de l'Empereur Tacite eut aussi plusieurs en-fans, comme nous le rapporte l'Auteur de sa vie, où il dit qu'ils esperoient l'Empire pour leur posterité sur de vaines pré-

E

Vopisc.
sur Ta-
cite.

dictions que leur en avoient
fait les devins de leurs temps :
Et Floriani liberi & Taciti multi
extiterunt, quorum sunt posteri
credo millesimum annum expec-
tantes, in quos multa Epigram-
matica scripta, quo jocati sunt
Aruspices imperium pollicentes :
mais comme, selon l'opinion
de quelques Auteurs, Florien
prit l'Empire de son propre
mouvement, & non de l'autorité du Sénat, & qu'à peine re-
gna-t il deux mois entiers, il
n'y a pas beaucoup d'apparen-
ce de dire que Magnia Urbica
ait été sa femme.

On ne sçauroit douter non
plus que Probus n'ait été ma-
rié, & même qu'il n'ait eu des
enfans. Vopiscus nous le donne
assez à entendre dans deux endroits : le premier, lors qu'il
raporte ces paroles qui furent

prononcées parmi les acclama-
tions de joye, aprés la harangue
que fit Ælius Scorpianus Con-
ful : *Probe Augufte te cum tuis Dii*
cuftodiant : Probus nous vous fa-
luons AUGUSTE! que les Dieux
vous confervent vous & *tous les*
vôtres. Le fecond plus claire-
ment, lors qu'il ajoûte : *P. Pofteri* p. 24.
Probi , vel odio invidiæ , vel ti-
more Romanam rem fugerunt : &
in Italiâ circa Veronam & Bena-
cum lacum , atque in his regioni-
bus larem locaverunt &c. & que
les defcendans de Probus, pour
éviter la haine & l'envie fe re-
tirerent du territoire Romain,
& qu'ils s'arrêterent en Italie
autour de Verone & du lac de
Benac : que l'image ou la fta-
tuë de Probus ayant été frapée
tellement du foudre , que fa
robbe en avoit changé de cou-
leur, les Arufpices répondirent

que la poſterité d'une ſi grande
famille éclateroit un jour dans
le Senat , & qu'elle recevroit
de grands honneurs, d'où il paroît que Probus a laiſſé des enfans. On peut voir dans la plan-
che que je donne un beau Medaillon de Probus , qui nous
aprend du moins qu'il étoit ma-
rié. Il y a d'un côté la tête de
ce Prince jointe & adoſſée à
celle d'une Imperatrice qui
peut être ſa femme , & à qui
quelques uns ont voulu donner
le nom de *Julia Procla* ; mais je
ne ſçay ſur quel fondement , &
je puis aſſurer du moins que ce
ne doit pas être la même que
Mr. Seguin nous a fait graver,
comme M. Spanheim l'a remarqué dans ſon excellente traduc-
tion des *Ceſars de Julien*. La fabrique des Medailles de *Julia
Procla* eſt fort differente de cel-

les de Probus ; auſſi bien que
l'ouvrage & le volume qui ne
revient point aux Medailles du
bas Empire. Or il ſembloit que
Probus étoit celui que je cher-
chois , & que Magnia Urbica
ſeroit cette Princeſſe qui ſe
trouve ainſi jointe avec la tête
de cet Empereur dans le beau
Medaillon que j'en ay fait graver avec beaucoup d'exactitude. Je l'ay accompagné d'une
allocution de Probus qu'on
n'avoit point encore vû : feu
Mʳ. de Lompré Ecuyer du Roy
m'en avoit donné le deſſein.
J'ay appris depuis avec joye,
Monſeigneur , que cette Medaille étoit entrée dans vôtre
cabinet. Elle eſt tres ſinguliere,
& ſervira à nous expliquer un
fait marqué dans l'hiſtoire. Je
n'entre point icy dans cette ex-
plication, parce qu'elle me me-

neroit trop loin. Comme j'a-
vois une copie moulée fur un
beau Medaillon de Magnia Urbica, inconnu jufqu'à prefent,
je le portay à Verfailles pour
le confronter avec la tête de
femme du Medaillon de Probus. L'examen que j'en fis en
prefence de M.r Oudinet me fit
conjecturer que la tête du Medaillon de Magnia Urbica & la
tête de femme de celuy de Probus étoient de deux Princeſſes
differentes : la phyſionomie de
l'une n'eſt point celle de l'autre.

On ne peut donc point donner nôtre Princeſſe à l'Empereur Probus. Il ne reſte plus
que Carus & les Princes ſes
enfans à qui elle puiſſe convenir ; car ſes monnoyes ne ſçau-
roient paſſer le temps de ces
Princes.

Il y a long-temps que je me

suis déterminé là-dessus. Mr Baudelot m'en est un bon témoin. Il y a plus de six ans qu'en examinant quelques Medailles de son cabinet, & entre autres quelques revers de Magnia Urbica, je luy en dis ma pensée. C'est à Carus que je l'ay donnée dés que j'ay commencé à connoître & à ramasser des Medailles du bas Empire. C'est ainsi que je l'ay toûjours rangée moy-même ; enfin c'est à ce Prince que toutes les raisons que j'ay trouvées dans la suite se sont raportées ; & il m'a toûjours paru que celles qui pourroient la donner à ses enfans, étoient trop foibles pour les recevoir.

Voicy donc, MONSEIGNEUR, ce qui m'a fait embrasser le sentiment où je suis, & que j'expose à vôtre jugement avec

E iiij

d'autant plus de confiance que ce n'est point par un esprit de critique que j'ay pris la plume en main, mais pour éclaircir ce point de l'histoire qui regarde l'ordre & le rang qu'on doit donner aux Princes & aux Princesses dans nos cabinets d'antiquitez.

1° L'histoire ne nous aprend point que la femme de Carus fût morte avant qu'il fût fait Auguste.

2° L'on ne doute point que Carus n'en ait eu deux enfans. Il n'en est pas de même de Carinus. L'histoire semble nous aprendre ou la mort de toutes les femmes qu'il eut, ou la repudiation subite & précipitée de la plûpart. Elle nous marque que cet Empereur eut jusqu'à neuf femmes qui furent repudiées & chassées, quelques-

unes même dans leur grof-
feſſe, *Uxores ducendo ac rejicien-
do novem duxit, pulſis pleriſ-
que prægnantibus.*

Il en a eu tant, & les a repudiées ſi-tôt, qu'il n'eſt pas à
croire qu'il ait eu le loiſir d'ob-
tenir du Senat le titre d'Auguſte pour elles, qui deman-
doit certaines ceremonies, à
cauſe des prerogatives que ce
titre emportoit, comme Mr Baudelot l'a remarqué dans la lettre à Mr Galland. Mais quand
même on ſeroit certain qu'il y
en auroit quelqu'une qui eût
été déclarée Auguſte, ce que
je ne voudrois pas nier abſo-
lument, cela ne prouveroit pas
encore que ce pût être Magnia
Urbica. Il paroît par les Medailles de cette Princeſſe qu'elle
a eû pluſieurs enfans, ce qu'on
ne ſçauroit ajuſter avec ce que
l'hiſtoire raporte de Carinus,

Fl. Vop.
ſur Cari-
nus.

qui ayant épousé neuf femmes, les repudia successivement. On auroit pû la donner à Numerien avec autant de vraisemblance : car le nom de *Numeria*, dont il auroit pû être apellé Numerianus, est encore un nom fort inconnu sur lequel on ne peut rien établir de certain. On ne trouveroit point dans ce Prince, aussi sçavant dans les belles lettres, qu'experimenté dans le fait de la guerre, tous les obstacles qui se trouvent dans Carinus : mais en rendant Magnia Urbica à Carus, il n'y a plus de difficulté. Le titre de *Venus genetrix* s'explique parfaitement, Carinus & Numerianus sont les deux enfans de Carus, qu'il fit Cesars, & ensuite Augustes. Cela se trouve encore admirablement confirmé par le revers du beau Medaillon de Magnia Urbica, dont je

dois la communication à Monsieur Croisat le jeune, qui sçait
faire un choix judicieux de tout
ce qu'il y a de plus beau dans
l'antique & dans le moder-
ne.

La figure assise de ce revers est
sans doute la vertu Deité ex-
primée par la legende *Pudicitia
aug.* Elle tient une *pomme* de la
droite, & de la gauche une *haste
pure* ; derriere est la Felicité,
comme on la trouve represen-
tée dans d'autres Medailles.
Cette seconde figure tient de la
droite un Caducée symbole de
la paix ; de la gauche elle tient
une corne d'abondance, pour
marquer qu'il n'y a point de
veritable felicité sans l'un &
l'autre de ces deux dons si précieux du Ciel. Peut être auroit-
on voulu marquer encore que
la *Pudicité* de cette Imperatrice

ne faifoit pas moins fa felicité que celle de tout l'Empire.

Les deux figures qui font aux pieds de la grande font Carinus & Numerianus que l'on y auroit repreſenté comme les fruits d'une union legitime que la vertu de la Princeſſe avoit procuré à l'Empire. Ils y font *togati* comme on voit pluſieurs Empereurs aux pieds des Divinitez. C'eſt ainſi que l'on voit Trajan avec cette inscription : *Iov. Conſervatori patris patriæ*, où Jupiter en figure coloſſale étend ſon manteau ſur Trajan qui eſt à ſes pieds, à peu prés ſemblable à celle de Commode qui a pour legende *Jupiter Conſervator* TR. P. VI. IMP. IIII. où Commode eſt auſſi ſous la protection de Jupiter. Le peuple pouvoit regarder Numerianus & Carinus comme l'objet de ſa

félicité. C'est par là en quelque façon que Magnia Urbica
a pû être apellée *salus publica*,
comme on le lit dans une de
ses Medailles , pour répondre, Cabinet de M..B.
ce semble , à celuy de *Spes pu-*
blica, qui se trouve dans un revers de Carus , où Carinus &
Numerianus sont representez à
cheval. Cette belle Medaille ,
MONSEIGNEUR , est de vôtre
cabinet , dont le public attend
avec impatience la publication
que vous en avez commise à
Mr Galland.

Ainsi l'opinion du P. Hardoüin, au lieu de me faire changer de sentiment, n'a servi qu'à
me confirmer dans celuy que
j'avois , & sur lequel je viens
de m'expliquer. L'on doit donc
donner Magnia Urbica à Carus
plutôt qu'à Carinus son fils. Le
revers du beau Medaillon de

Magnia Urbica que j'ai ra-
porté, sur lequel on voit deux
Princes, semble décider cette
difficulté. Peut-être trouvera-
t-on dans la suite quelques Medailles qui nous en aprendront
davantage.

Il ne reste plus qu'à expliquer
les noms & quelques symboles
que luy donnent nos Medailles.
Et pour ne rien omettre de ce
qui peut aporter quelque lu-
miere à cette recherche, j'a-
joûteray ce que j'ay pû trouver d'inscriptions ou de monumens sur le nom & le surnom
de nôtre Imperatrice.

L'ornement qu'elle porte, &
qui se termine sur le milieu de
la tête en forme de triangle,
est un diadême propre aux Imperatrices, comme le prétend
Mr Baudelot dans une lettre à
Mr Galland, où il nous a donné

plusieurs remarques curieuses
sur ce sujet,

Quant au nom & au prenom
que nôtre Imperatrice prend
sur ses Medailles , je ne vois
point qu'ils soient ni nouveaux
ni inconnus ; & outre quelques
passages d'Auteurs & les inscriptions, où il en est fait mention , je trouve encore dans
les Medailles du bas Empire
quelques vestiges de la noblesse
de ses ancestres ou de ses descendans.

Prenom MAGNIA *dans quelques*
inscriptions.

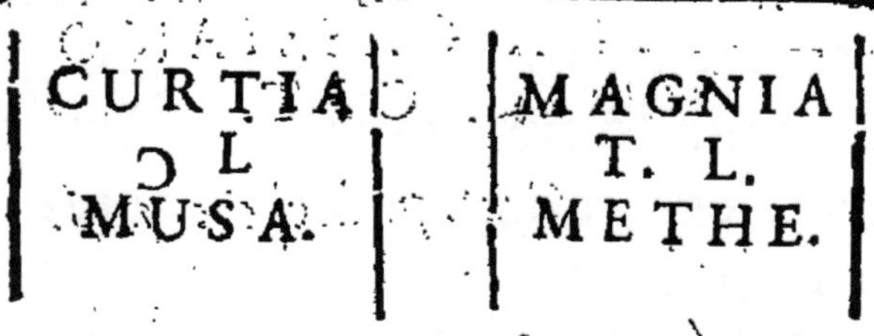

CURTIA Ɔ L MUSA.	MAGNIA T. L. METHE.

> T. MAGNIUS T. L.
> HILARIO FRATER
> THEONI CÆSARIS. AUG. L.
> CORNIFICIAN.

> D. MEMORIÆ M.
> CINIANI JULLIANI DEF.
> MAGNIA MAXIMIOLA CON.
> ET SIBI VIVA PONEND. C.

> NAAMONIUS
> HEMULL. M. F.
> MAGNIÆ STATIA UX.
> STAT. NAMONIO
> SENI MARITO OPT.
> ROM. ET L. NA
> MONIL EJUS LI.
> PAULINA CASSIANO
> AMIC. OPT.

Grut. p. dcclxix. n. 6.

MAGNIA

MAGNIA IRONIA
SIBI ET
MAGNIO F.
LIB. SUO ET LIB.
LIBERTABUSQUE
SUIS.
Grut. p. dccclxxiij. n. 13.

En voicy une autre qui fut trouvée à Antequera, Antiquera ou Anticaria (nom qu'elle tire de son antiquité) c'est une ville d'Espagne dans le Royaume de Grenade, assez renommée par la revolte des Mauresques. Il est fait mention dans cette inscription d'un *P. Magnius* qui avoit passé par les premieres dignitez de l'Empire, & qui avoit rendu des services tres-considerables à sa Province.

F

Antiquariæ Hispan.

P MAGNIO Q F QUIR RUFO MAGONIANO
TRIB. MIL. III. PROC. AUG. XX. ET TR. PER.
HISP. BAET. ET LUSITAN. ITEM PROC. AUG.
PER BAETIC. AD KAL VEG ITEM PROC
AUG. PROV. BAETI. AD DUCEN. AGIE
PIEC. AMICO OPTIMO ET BENE DE
PROVINCIA SEMPER MERITO DD.

Grut. p. ccccxxxiv. n. 3.

Il falloit que la famille Magnia fût illustre, puisque nous
trouvons même des Empereurs

qui se sont fait honneur de ce
prenom, comme Magnius Ma-
ximus, Magnentius, & Decen-
tius, ainsi qu'on le voit sur leurs
Medailles.

Monumens où le nom d'URBICA
se trouve.

Le nom d'Urbica n'est gueres moins celebre dans les inscriptions anciennes que son prenom. Gruter entre autres nous
en fournit une où ce nom se
trouve joint au prenom de la
famille Flavia, de laquelle les
Constantins tiroient leur origine, & de laquelle pouvoit
aussi descendre Magnius Maximus tyran sous Constantin, qui
se disoit de la famille des Constantins : ce qui fait voir que le
titre de Maximus n'étoit pas un
nom de conquête dans Constantin, comme on l'avoit cru,

mais un nom de famille, comme l'a remarqué le R. P. Hardoüin dans son siecle de Constantin.

FLAVIAE URBICAE
FILIAE SUAE CARISSIMAE
FECIT
VICTOR ET MONICA
URBICA PARENTES.

Grut. p. 976.

Gruter en rapporte encore une autre, d'une URBICA qui étoit Chrétienne, comme les deux Monogrames de J. C. qui sont aux deux côtez de l'Epitaphe, le font voir, aussi-bien que cette formule : *Quiescat in pace & in nomine.*

PUELLAE URBICAE CON-
JUGI DULC
QUÆ EJUS OBSEQUIO
SEMPER NOBIS CONVENIT
IN MATRIMONIO QUÆ VI-
XIT ANNOS.

FL. M. XXX. DECESSIT DIE
XIII. KAL. JUL.
QUIESCAT IN PACE ET IN
NOMINE.

Grut. p. 1058.

Il est fait mention d'une
ÆLIA URBICA dans une Epi-
taphe qui étoit dans le cabinet
de M. de Wit. Ceux qui ont
fait le catalogue de ses livres
& de ses antiquitez nous mar-
quent seulement qu'elle con-
tient sept lignes. J'espere que
celuy qui l'aura acquise nous
en aprendra davantage.

Bibliot.
Witt.

On trouve sous les premiers
Empereurs plusieurs grands &
sçavans personnages de ce nom.
Il y eut entre autres un *Agge-*
nus Urbicus dont nous avons un
beau traité sur les limites des
Champs, & un traité de Con-
troverses. On croit qu'il a vécu
sous l'Empereur Tibere.

*Voicy trois inscriptions singulie-
res qui se voyent à Lyon où il est
parlé d'un Quintus Adginnius, &
qui font voir qu'il y avoit-là quelque illustre famille de ce nom.*

I.

JOVI. O. M.
Q ADGINNIUS URBICI
FIL MARTINUS SEQ.
SACERDOS ROMAE ET AUG.
AD ARAM AD CONFLUEN-
TES
ARARIS ET RHODANI FLA-
MEN
II VIR IN CIVITATE
SEQUANORUM.

2.

MARTI SEGOMONI FACTUM
ANNUA
URBICI FIL. MARTINUS
SACERDOS ROMÆ ET AUG.
MUNACIO PANSA COS.
IN CIVITATE SEQUANO-
RUM
E. GALLIÆ HONORES
ET SUIS DECREVERUNT.

Spon. p. 134.

3.

D. M.
CALVISIAE URBICAE ET
MEMORIAE SANCTISSIMAE
P POMPONIUS GEMELLI-
NUS
IIIIII VIR AUG LUGUD
CONJUGI CARISSIMÆ
ET INCOMPARABILI
POSUIT.

Du Choul. p. 269.

Ces deux premieres inscriptions font enclavées au pied de
la Tour de Saint Pierre, dans
l'endroit où est maintenant le
Charnier.

La premiere est un vœu à
Jupiter par Quintus Adginnius
Prêtre au Temple d'Auguste,
qui étoit au concours des deux
rivieres du Rhône & de la
Saône.

La seconde est voüée au
Dieu Mars qui a un titre ex-
traordinaire de Segomon.

C'eſt peut-être le même qui avoit compoſé ce traité de *limitibus agrorum*.

Juvenal fait mention dans ſa ſixiéme Satyre d'un Urbicus :

Urbicus exodio riſum movet attelana
Geſtibus Autonoes : hunc diligit Ælia pauper.

Martial livre VII. addreſſa ſa 50. Epigramme à un Urbicus de ſes amis.

Mercari noſtras ſi te piget Urbice nugas ,
Et laſciva tamen carmina noſſe libet.

Sous Antonin Pie il y eut un Lollius Urbicus qui fut envoyé à la tête d'une armée contre les peuples de la grande Bretagne qu'il défit glorieuſement ; & aprés avoir chaſſé & repouſſé bien loin ces barbares , il fit élever

Spart. p. 27.

élever un autre rempart ou un grand mur en forme de terrasse pour luy servir de barriere.

Un ancien Martyrologe fait mention d'un Urbicus Gouverneur de Province, sous qui Ptolemeus, Lucius, & un troisiéme dont on ne dit point le nom, furent martyrisez à Alexandrie. Cet Urbicus vivoit sous Antonin Pie & Marc Aurele son fils, & pourroit être le même que celuy dont nous venons de parler.

Il y eut encore un Lollius Urbicus Historien fort estimé de son temps, mais dont les Ouvrages ne sont pas venus jusqu'à nous. Il vivoit du temps de Macrin & d'Elagabale, & pourroit être le fils de ce Lollius Urbicus qu'Antonin Pie envoya pour combattre les peuples de la Grande Bretagne.

Lampr.
p. 100 in
Diadum.

G

Magnia Urbica a pû descendre de ces grands hommes, comme ceux qui suivent peuvent être des descendans de sa famille.

Ausone du quatriéme siecle fait mention d'une Pomponia Urbica, qui étoit femme d'un certain Julianus Censeur. Il la fait son alliée, & nous vante extrémement l'integrité de ses mœurs & la noblesse de ses Ancêtres, comme on le voit par les premiers Vers de son Epigrame ;

Ut generis clari veterum sic fœmina morum,

Urbica Censoris nobilitata Thoro.

Il y eut sous Theodose un Urbicus, qui de Senateur devint Evêque de Clermont en Auvergne.

Nous avons un fragment

Gregoire de Tours p. 30. l. 1

Grec sur une nouvelle maniere
de camper, sous le titre de
ΟΥΡΒΙΚΙΟΥ ΕΠΙΤΗΔΕΥΜΑ que M.
Rigault nous a donné avec des
notes. Cet Urbicius ou Urbicus
vivoit du temps d'Anastase, à
qui quelques-uns croient qu'il
dédia son Ouvrage.

L'Histoire Ecclesiastique, &
celle des Saints d'Espagne fait
mention d'un Urbicus natif de
Bordeaux, qui mourut âgé de
cent ans l'an 714. proche la
ville d'Osca en Espagne.

Quant au pays d'où étoit Magnia Urbica, on n'en peut rien
assurer de certain, à moins
qu'on ne voulût dire qu'elle
étoit Espagnole d'origine, tant
parce que l'inscription principale que j'ay raportée plus
haut, où il est fait mention
d'un Magnius personnage tres-
consideré, fut trouvée à Anti-

quera ville d'Espagne; soit par ce
que l'on trouve aussi qu'il y a eu
un fleuve de ce nom Urbicus,
qui s'appelle encore aujour-
d'huy *Orbego* ; soit enfin qu'elle
ait tiré son nom d'une ville
d'Espagne appellée Urbicia ou
Urbica. Cette ville est située
entre Liminium ou Alambra &
Sarragosse.

    Les Auteurs ont été fort par-
tagez sur la naissance de Carus
que nous donnons pour époux
à nôtre Princesse. L'on con-
vient neanmoins qu'il étoit de
la Gaule Narbonoise , suivant le témoignage de Sido-
n 400. nius Apollinaris qui met la naissance de Carus & de ses Enfans
en ce pays-là. Vopiscus nous
aprend que la vie de Carus &
de ses fils avoit été écrite avant
l'an 300. par Cerilianus dont il
loüe le soin & l'esprit, & celle

de Carinus en particulier par
Fulvius Asprianus qui s’étoit
rendu ennuyeux par son exactitude scrupuleuse à ne rien ob-
mettre.

Le Poëte Aurelius Apollinaris avoit aussi écrit une histoire
de Carus. Numerianus luy-même, ce jeune Prince si respec-
table, qui faisoit l’admiration
& l’émulation des Sçavans de
son siecle, avoit écrit la vie de
Carus son pere ; mais il ne nous
reste rien de tous ces Ouvrages, comme d’une infinité d’autres, qu’un triste souvenir de
leur perte.

Voilà donc, Monseigneur,
tout ce que j’ay pû trouver de
plus specieux sur le regne & l’é-
poux de cette Princesse. Si le
temps ne nous avoit point en-
vié une infinité d’Ouvrages,
l’Histoire, sur tout de ce bas Em-

pire, ne feroit point comme elle
eſt dans une obſcurité ſi impe-
netrable. Nous ne ſerions point
obligez d'avoir inceſſamment
recours à des conjectures, &
de tâcher par mille détours de
développer le peu qui nous
reſte de ces fragmens, avec
tant de peine, & ſouvent ſi peu
de certitude.

L'on peut dire cependant que
ces pertes ne ſont point ſans
reſſource, & que par le ſecours
& les lumieres que l'on tire des
Medailles, & des autres monumens de ce genre, l'on pourra
découvrir un jour une infinité
de choſes qui nous ſont encore
cachées.

C'eſt, MONSEIGNEUR, dans
ces vûës de rétablir l'hiſtoire,
que vous avez toûjours recher-
ché ces précieux reſtes de l'antiquité, & que vous ne laiſſez

rien échaper de tout ce qui peut
enrichir vos suites des plus nom-
breuses. On pourroit les regarder comme completes, si vôtre
ambition dans ce genre, aussi
loüable que genereuse, pouvoit avoir des bornes. C'est de
ces suites admirables de tout
âge, de tout métail, de toute
grandeur, que l'on pourra toûjours, à la gloire de vôtre nom,
tirer comme d'une source iné-
puisable de nouvelles lumieres
pour en eclaircir l'histoire, &
pour en rétablir les faits. Vous
n'avez pas voulu que la connoissance de ces monumens
manquât aux lumieres que vous
aviez sur l'antiquité. Et j'ose
même dire que je dois moy-
même à l'inclination que j'ay
toûjours eu pour Elle, les bon-
tez singulieres que vous m'avez
si souvent marquées.

Au reſte, MONSEIGNEUR, ſi cette diſſertation ne vous a pas ennuyé, je l'attribueray moins à mon travail qu'au grand amour que vous avez pour ces matieres; & ſi aprés l'aprobation qu'elle receut de l'Académie dés ſon dernier rétabliſſement, elle peut encore meriter vôtre ſuffrage en particulier, j'oſe me flatter qu'elle pourra avoir ſes partiſans. Mais ſur tout la liberté, que vous avez bien voulu m'accorder de mettre vôtre nom à la tête de cet écrit, ne me fera pas moins d'honneur. Qui ne ſçait que la diſtinction de vos Emplois a été même ſurpaſſée par celle de vos lumieres? & depuis que SA MAJESTE' a cru vous en devoir cette recompenſe illuſtre, de vous approcher ſi prés d'Elle, peut-il y avoir de la flaterie dans

les éloges qu'on vous en donne?
Pour moy, MONSEIGNEUR,
penetré du merite qui vous les
attire, mon cœur se repaît toûjours de la justice que le public
vous rend là-dessus, & rien ne
peut égaler la joye que j'en res-
sens que le respect avec lequel
je suis:

MONSEIGNEUR,

Vostre tres-humble
& tres-obeïssant serviteur
GENEBRIER D. M.

BIBLIOTHEQUE ROYALE

www.ingramcontent.com/pod-product-compliance
Ingram Content Group UK Ltd.
Pitfield, Milton Keynes, MK11 3LW, UK
UKHW021431090726
13657UKWH00003B/1037